ALEX ALLAN

EL LIBRO DE LA FELICIDAD

ANNE WILSON

CAPi CUA

UN SELLO DE
VR EDITORAS

Título original: *The happy book. Understanding your feelings*
Dirección editorial: Marcela Aguilar
Edición: Margarita Guglielmini y Erika Wrede
Traducción: Erika Wrede
Armado: Florencia Amenedo

Textos, diseños e ilustraciones © 2020 Welbeck Children's Limited,
parte de Welbeck Publishing Group 2020

Edición en español © 2022 VR Editoras, S. A. de C. V. • www.vreditoras.com

México: Dakota 274, colonia Nápoles - C. P. 03810
Alcaldía Benito Juárez, Ciudad de México
Tel.: 55 5220-6620 • 800-543-4995
e-mail: editoras@vreditoras.com.mx

Argentina: Florida 833, piso 2, of. 203
(C1005AAQ) Buenos Aires
Tel.: (54-11) 5352-9444
e-mail: editorial@vreditoras.com

Primera edición, primera reimpresión: junio de 2022

ISBN 978-987-747-790-0

Impreso en China • Printed in China

La consultora Sarah Davis es psicoterapeuta
con una maestría en Psicoterapia y Consejería Integral
para Niños y Adolescentes.
Actualmente trabaja en voluntariado asesorando y
apoyando a jóvenes para mejorar su bienestar mental.
También ha trabajado como editora infantil y consultora.

¿QUÉ SIENTES HOY?

La

FELICIDAD

es una emoción

que se ve

así...

...y se siente como
RAYOS DE SOL

...y
MARGARITAS

...y helados
GIGANTES

5

Algunas cosas que pueden hacerte sentir feliz:

Anotar un gol.

Ganar un premio.

Un hermoso perrito, gatito o conejito.

Ir a un parque de diversiones.

Jugar con amigos.

¿Puedes pensar otras ideas?

Un poco de ciencia

Cuando estás feliz, tu cerebro libera un químico llamado dopamina

"do-pa-mi-na"

que te ayuda a aprender, recordar y dormir bien.

Así que estar **FELIZ** es bueno para ti, ¿verdad?

Algunas veces, cuando estás **feliz** todo te parece tan gracioso que comienzas a **reír** y

reír

JA JA JA

Je Je Je Je

Algunas cosas que pueden hacerte reír:

Un libro o una película graciosa.

Chistes, chistes, chistes (¿conoces alguno?).

Un cerdo usando patines.

Adultos bailando.

Hacer caras graciosas.

Que te hagan cosquillas.

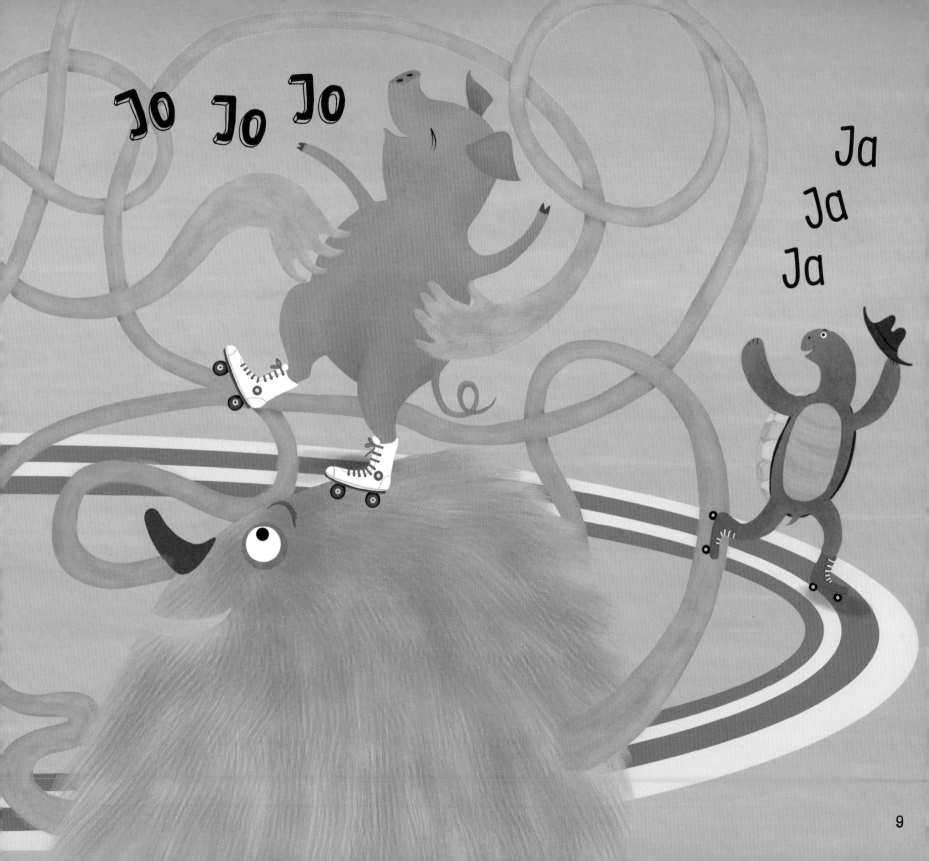

9

¿Qué es lo más **gracioso** que viste alguna vez?

Un poco de ciencia

Cuando te ríes,
tu cerebro libera químicos
llamados endorfinas
"en-dor-fi-nas",
que son el remedio natural
que tiene el cuerpo
para sentirse mejor,
así que reírte te hace sentir
realmente bien.

CONSEJO

¡Haz un concurso de risas
con un amigo o amiga!
Túrnense para intentar hacer reír
al otro: el que aguante la risa
más tiempo, ¡gana!

No siempre nos sentimos felices,
y a veces está bien sentirse

TRISTE

La tristeza se siente **v a c í a** y

SOLITARIA

como un día de lluvia
sin nadie con quien jugar.

La
TRISTEZA
puede sentirse
PESADA
como una roca.

Nadie sabe exactamente por qué lloramos, pero algunos científicos creen que es para que otras personas sepan que estamos **TRISTES**.

Pero las lágrimas no son únicamente para cuando te sientes mal. Tu cuerpo produce lágrimas todo el tiempo para que tus ojos no se resequen y para limpiar suciedad y polvo.

¡Cortar cebollas también puede hacerte llorar!

Un poco de ciencia

Cuando estás triste, tu cerebro libera un químico llamado acetilcolina

"a-ce-til-co-li-na",

que hace que se formen las lágrimas. Llorar provoca que tu cerebro libere las endorfinas que te ayudarán a sentirte mejor...

...¡así que **LLORAR** es un **SUPERPODER!**

¿Cuál es el problema?

Muchas cosas pueden hacernos sentir tristes.
Quizás un amigo o amiga se mudó lejos, o perdimos algo.
Tal vez alguien a quien queríamos mucho ha fallecido.

Hablar al respecto y recordar los buenos momentos con familiares y amigos puede ayudarte a atravesar los momentos tristes.

Losas que puedes hacer si ves que una persona se siente triste:

Intentar animarla.

Preguntarle qué le ocurre.

Ofrecer ayuda.

Ser paciente y escuchar.

¿Qué te hace sentir mejor a ti cuando estás llorando?

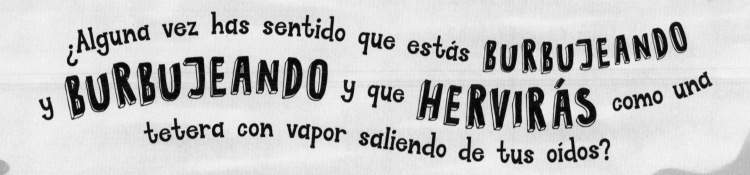

¿Alguna vez has sentido que estás BURBUJEANDO y BURBUJEANDO y que HERVIRÁS como una tetera con vapor saliendo de tus oídos?

El ENOJO se siente ROJO, CALIENTE y PICANTE

18

Cuando sientes enojo, quizás digas:

¡No es justo!

¡No es mi culpa!

¡Te ODIO!

Cuando te enojas, tu cerebro libera un químico llamado adrenalina

"a-dre-na-li-na"

en tu cuerpo, y provoca que tu corazón y tu respiración se aceleren. A algunas personas se les pone rojo el rostro y aprietan los puños.

Piensa en tu cerebro enojado como un perro que está ladrando y mordiendo, e intenta calmarlo con palabras amables y respiraciones lentas.

"Tranquilo, amigo"

Una vez que sientas mayor calma resultará más sencillo hablar sobre lo que te ha hecho enojar.

¿Qué puedes hacer si comienzas a sentir enojo?

1...
Respira profundo y relaja tus músculos.

2...

3...
Toma aire fresco.

4...
Detente y cuenta hasta 10.

5...

Algunas veces resulta difícil sentirse feliz porque algo te está

ASUSTANDO.

Cosas que dan miedo:

La oscuridad.

Rayos y relámpagos.

Alzar la mano en clase.

Sentir soledad o que te dejan de lado.

Monstruos bajo la cama.

Probar algo nuevo.

El **MIEDO** puede sentirse parecido al enojo.
Puede que sientas que tu corazón late más rápido,
que tus respiraciones se entrecortan
y que comiences a

s a c u d i r t e

y

t e m b l a r.

Un poco de ciencia

Cuando tienes miedo, puede que quieras gritar y chillar, ¡o quizás quieras correr! No te preocupes, es normal sentirse de esta forma. Se trata de tu reacción de

LUCHA o HUIDA,

y es la forma que tiene tu cuerpo de protegerte del peligro.

¿QUÉ PUEDES HACER SI SIENTES MIEDO?

Como la mayoría de las cosas, ayuda cuando hablas al respecto. Una vez que sabes por qué tienes miedo, puedes encontrar qué hacer con eso. Algunas veces es bueno enfrentar tus miedos

pero algunas veces está bien huir también, y permitir que un adulto resuelva el problema.

¿Fue algo que dije?

CONSEJO

Enfrentar un miedo parecerá aterrador, pero puede ser de mucha ayuda también. ¡Intenta vencer uno de tus miedos! Una vez que lo hayas hecho, sentirás más confianza para la próxima. (¡TOMEN ESO, MALDITOS VEGETALES!).

Cuando ignoras tus miedos, estos comienzan a apilarse y a CRECER y CRECER. Antes de que te des cuenta, puede que te estés preocupando por ellos TODO EL TIEMPO y esto podría hacerte sentir mal.

PREOCUPACIONES

Algunas señales de que sientes preocupación:

Tienes dificultades para hablar.

Te muerdes las uñas.

Sientes mariposas en el estómago.

Masticas tus mangas (¡puaj!).

Te cuesta tragar.

Las preocupaciones suelen comenzar siendo PEQUEÑAS, así que es mejor lidiar con ellas antes de que se **AGRANDEN.**

Podrías escribir tus preocupaciones...

Puede ayudar si hablas con alguien sobre tus preocupaciones. Un problema compartido es un problema reducido.

...o imaginar que
son hojas
que arrojas a
un río y

se van flotando...

Nadie se siente **FELIZ** todo el tiempo, pero hay muchas cosas que puedes hacer para intentar sentir un poco de felicidad todos los días.

HABLA acerca de lo que te hace sentir mal.

Mantente **EN ACCIÓN** para liberar endorfinas.

Mostrar amabilidad y ayudar a otras personas
puede sentirse igual de bien que cuando alguien
hace algo bueno por ti. Puedes comenzar
por ayudar a alguien en tu escuela o por
colaborar con las tareas del hogar.

SÉ AMABLE

PIDE
AYUDA.

Asegúrate de
DORMIR
lo suficiente para tener
más energía.

¡TU OPINIÓN ES IMPORTANTE!

Escríbenos un e-mail a
miopinion@vreditoras.com
con el título de este libro en el "Asunto".

Conócenos mejor en:
www.vreditoras.com

f **◎** /VREditorasMexico

𝕏 /VREditoras